Georges de LAYENS

LAURÉAT DE L'INSTITUT (ACADÉMIE DES SCIENCES)
PRÉSIDENT DE LA FÉDÉRATION DES SOCIÉTÉS FRANÇAISES D'APICULTURE

41 PLANCHES

hors texte

13 FIGURES DANS LE TEXTE

ERREURS

A ÉVITER

CONSEILS A SUIVRE

PAUL DUPONT
ÉDITEUR
4, RUE DU BOULOI, 4
Paris

Le Rucher illustré

LIBRAIRIE PAUL DUPONT, 4, RUE DU BOULOI, PARIS

VIENT DE PARAITRE

FLORE COMPLÈTE

DE LA FRANCE

Publiée sous les auspices du Ministère de l'Instruction publique

POUR LA DÉTERMINATION FACILE DES PLANTES SANS MOTS TECHNIQUES

5.289 figures

Représentant toutes les espèces

PAR

M. Gaston BONNIER
Professeur à la Sorbonne

M. G. DE LAYENS
Lauréat de l'Académie des Sciences

Un volume grand in-8, avec une carte des régions de la France.
Prix : broché, 9 fr. ; avec reliure anglaise, 10 fr.

« Le succès de la *Nouvelle Flore* des environs de Paris, de MM. GASTON BONNIER et G. DE LAYENS, a engagé les auteurs à appliquer leur méthode de tableaux synoptiques illustrés à la totalité de la Flore française. Le premier ouvrage était limité à une région déterminée, le volume qui vient de paraître comprend toutes les plantes des diverses régions de la France : Ardennes, Vosges, Jura, Alpes, Plateau central, Pyrénées, littoral, régions de l'Ouest et du Sud-Ouest, du Nord, région méditerranéenne, etc., ainsi que l'Alsace-Lorraine.

« Comme dans la *Nouvelle Flore,* dont l'apparition a causé, on peut le dire, un changement considérable dans l'enseignement de la botanique descriptive, les auteurs ont fait table rase de tous les termes techniques ; car l'emploi de ces termes présente toujours de grandes difficultés pour celui qui n'est pas versé dans le langage spécial des flores.

« Les descriptions illustrées des plantes sont disposées en tableaux qui permettent d'apprécier d'un seul coup d'œil, par la comparaison des figures ainsi que par le texte, les différences qui font reconnaître les espèces.

« De plus, au-dessous de chaque espèce sont inscrits, en caractères très apparents, les noms des régions de la France où se trouve la plante.

« Grâce à cette simple combinaison, lorsqu'on est dans une région déterminée, toutes les espèces étrangères à cette région sont par là même facilement éliminées, et le lecteur transforme ainsi à son gré l'ouvrage général en une Flore locale.

« Ce nouveau volume, comme le précédent, contribuera pour une large part, nous n'en doutons pas, à développer en France le goût de l'étude des plantes, déjà si répandu aujourd'hui. »

LE

Rucher illustré

Erreurs à éviter et Conseils à suivre

PAR

M. GEORGES DE LAYENS

Lauréat de l'Institut (Académie des Sciences),
Président de la Fédération des Sociétés françaises d'Apiculture.

---

41 PLANCHES HORS TEXTE
13 figures dans le texte

PARIS
PAUL DUPONT, ÉDITEUR
4, RUE DU BOULOI, 4

OUVRAGES DU MÊME AUTEUR

(*Ouvrages couronnés par la Société d'Acclimatation*).

Élevage des Abeilles par des procédés modernes, par Georges DE LAYENS, lauréat de l'Institut, Président de la Fédération des Sociétés françaises d'apiculture. Nouvelle édition. 1 volume in-18, *avec figures dans le texte* (franco) .... 1 fr. 50

Les Abeilles, par le même. *Premières leçons à l'usage des écoles*, avec 25 figures dans le texte, cartonné (*franco*) .... 25 cent.

Conseils aux apiculteurs, par le même (*franco*) .... 60 cent.

Construction économique des Ruches à cadres, par le même. Nouvelle édition (*franco*) .... 60 cent.

Nouvelles Expériences pratiques d'apiculture, par le même (*franco*) .... 60 cent.

Conduite d'un Rucher isolé, par le même. Nouvelle édition (*franco*) .... 25 cent.

L'Hydromel et sa fabrication pratique pour le cultivateur d'abeilles, par le même, avec figures dans le texte (*franco*) .... 60 cent.

Le Rucher illustré, *erreurs à éviter, conseils à suivre*, par le même. 1 vol. in-8°, avec 41 planches hors texte et 13 figures dans le texte (*franco*) .... 2 fr. 50

L'Apiculteur, journal des cultivateurs d'abeilles, 38e année. Abonnements : 5 fr. par an ; 3 fr. pour les membres des Sociétés d'Apiculture, les instituteurs et institutrices (s'adresser à M. Sevalle, 167, rue Lecourbe, Paris).

ÉTABLISSEMENT D'APICULTURE

DE

Robert Aubert, apiculteur-constructeur à Rosières (Somme). Outillage d'apiculture, ruches, cire gaufrée, etc. — (*Envoi franco du Catalogue, sur demande.*)

ÉTABLISSEMENT D'APICULTURE

DE

La Trappe de Sainte-Marie du Désert, par Bellegarde-Sainte Marie (Haute-Garonne). Outillage d'apiculture, ruches, cire gaufrée, etc. — (*Envoi franco du Catalogue, sur demande.*)

PRÉFACE

Ce volume renferme ce qui manque, en général, dans les ouvrages qui traitent de la conduite des abeilles.

Il s'adresse à tous ceux qui possèdent des ruches, quel que soit le système de ruche vulgaire ou de ruche à cadres qu'ils emploient, et quelle que soit la manière dont ils conduisent leurs colonies.

J'ai cherché à le rédiger sans parti pris de méthode et sans idée préconçue, avec les seuls résultats que peut donner l'expérience des faits.

On dit ordinairement dans tous les ouvrages, ce qu'il faut faire pour conduire les abeilles; on y parle trop rarement de *ce qu'il ne faut pas faire.*

Le débutant, en effet, rencontre dans la pratique un certain nombre d'obstacles, et il est souvent arrêté par les plus petits comme par les plus grands.

C'est pour cela que j'ai adopté un mode de rédaction permettant de mettre en évidence les principales *fautes* que peut commettre le débutant dans les diverses circonstances qui se produisent pendant les saisons de l'année.

Chaque faute étant d'abord énoncée, je donne le moyen d'y remédier, ou si cela n'est pas possible, j'indique quelles précautions il faut prendre pour éviter les inconvénients qu'elle produit.

A l'appui de ces *erreurs à éviter*, et de ces *conseils*

à suivre, j'ai groupé, dans l'ordre même des sujets examinés, un assez grand nombre d'illustrations qui viennent compléter le texte.

On représente souvent, dans les traités, le matériel de l'apiculteur; presque jamais on ne figure l'apiculteur au travail avec ce matériel; on trouvera dans cet ouvrage la représentation, toujours faite d'après nature, des principales opérations qu'on doit exécuter dans un rucher, soit avec les ruches vulgaires, soit avec les ruches à cadres.

D'autres documents illustrés sont relatifs aux différents états que présentent les rayons des ruches; ce sont ces divers aspects que l'apiculteur doit savoir reconnaître avec sécurité pour conduire ses colonies par n'importe quelle méthode.

Ces documents : alvéoles diversement construites, couvain à divers états, miel operculé, etc., sont tellement difficiles à décrire et même à dessiner que j'en ai fait des photographies qui ont été reproduites directement dans les planches de ce volume.

Je pense que ce petit album illustré pourra servir à tous ceux qui s'intéressent aux abeilles.

CHAPITRE PREMIER

ACHAT ET TRANSPORT DES COLONIES

I. — Achat d'essaims naturels.

On peut établir son rucher ou augmenter le nombre de ses colonies au moyen d'essaims naturels que l'on récolte (fig. 1 et fig. 3, p. 13) ou que l'on achète.

FIG. 1. — RÉCOLTE D'UN ESSAIM.

L'apiculteur recueille un essaim naturel dans une ruche vide, en secouant la branche à laquelle est suspendu l'essaim, afin de le faire tomber dans la ruche.

Examinons d'abord les fautes que l'on peut commettre dans l'achat des essaims naturels; nous parlerons ensuite de l'achat des ruches.

1re *faute. — Pour monter son rucher on a acheté des essaims tardifs ou faibles.*

A moins d'une saison exceptionnellement mellifère, les essaims tardifs ou faibles construiront peu de rayons et récolteront peu de miel, dans les régions où il n'y a pas de récoltes d'automne. Ce serait une mauvaise spéculation que de vouloir les conserver pour l'année suivante, en les nour-

Fig. 2. — Réunion des ruches vulgaires par superposition. La ruche de droite n'est pas réunie à une autre.

rissant à l'automne. Le meilleur parti que l'on puisse tirer de ces ruches contenant des essaims faibles est de les réunir entre elles à la fin de la saison (fig. 2).

2e *faute. — Pour former son rucher, on a acheté de forts essaims hâtifs, mais la saison a été très peu mellifère.*

Les forts essaims, de 2 à 3 kilogrammes, commenceront à construire des rayons (fig. 4, p. 15), et pourront même il est vrai, remplir entièrement leur ruche (fig. 5, p. 15); mais souvent ils ne récolteront pas assez de miel pour la mauvaise saison. C'est donc encore une faute de vouloir monter sur rucher, même avec de forts essaims. S'il leur manque beaucoup de miel, on devra les réunir à d'autres ruches (fig. 2), mais on pourra les nourrir (fig. 47, p. 109) s'il ne leur manque que quelques kilogrammes de miel pour passer l'hiver.

Du reste, il sera toujours plus profitable et plus prudent de dépenser 15 ou 20 francs à l'achat d'une bonne colonie, que d'acheter des essaims.

Le célèbre abbé Collin a écrit cette phrase que les débutants ne devront pas oublier : « N'achetez jamais d'essaims, c'est un marché aléatoire où l'acheteur est plus souvent dupe que le vendeur. »

II. — Achat de ruches vulgaires.

3e *faute. — On a acheté des ruches de trop petite capacité (15 ou 20 litres).*

Les ruches trop petites ne donneront jamais que de petits essaims sans valeur. Si l'on désire des essaims naturels ou artificiels, on devra, dès le printemps, les agrandir en y ajoutant une hausse d'un volume suffisant pour doubler leur capacité (fig. 6, p. 17). On peut aussi placer la petite colonie sur une ruche à cadres, et les abeilles manquant de place s'établiront dans la ruche à cadres nouvelle (fig. 7, p. 19).

4e *faute. — On a acheté des ruches contenant trop de miel.*

La mère, au printemps, n'ayant pas de place pour pondre, trop de rayons étant occupés par le miel, la colonie se développera peu, et ne donnera que de petits essaims. On doit, comme dans le cas précédent, agrandir les ruches à l'aide de hausses, dès le printemps.

5e *faute. — On a acheté des ruches dont les rayons ont été construits très irrégulièrement.*

Lorsqu'on veut transvaser ces colonies dans des ruches à cadres, on rencontrera toutes sortes de difficultés.

Si l'on a acheté de telles ruches, il sera préférable de ne pas faire le transvasement, et de meubler les ruches à cadres à l'aide d'essaims artificiels retirés de ces ruches.

6e *faute. — On a acheté au printemps des ruches dont les rayons sont fortement moisis.*

Ces colonies ont certainement souffert de l'humidité pendant l'hiver, faute d'une ventilation suffisante; il en est résulté une mortalité plus grande que dans les autres ruches, et la santé des survivantes se trouve altérée. De telles ruches perdront plus d'abeilles au printemps que les autres, et par suite, leur population sera plus faible pour l'époque de la grande récolte.

7e *faute. — On a acheté au printemps des ruches qui contiennent beaucoup de rayons de mâles.*

Dès qu'on vient de les acheter, on doit enlever dans de telles ruches, la plus grande partie des rayons de mâles, et le plus souvent les abeilles reconstruiront la plus grande partie des rayons en cellules d'ouvrières.

En résumé : N'achetez que des ruches vulgaires ayant les qualités suivantes : grandes ruches de 40 à 60 litres ; les plus actives du rucher où elles se trouvaient, ayant des rayons suffisamment droits (fig. 5, p. 15), pas trop noirs, peu ou pas moisis, ayant des rayons à cellules d'ouvrières dans le milieu de la ruche et possédant des abeilles au moins dans les intervalles de quatre rayons, au mois de mars ou d'avril.

III. — Transport des ruches.

8e *faute. — On a transporté des ruches par un temps chaud, au milieu du jour.*

Rien n'est plus dangereux ; les abeilles s'agitent en route, s'échauffent, le miel peut couler sur elles et les étouffer. Si l'on a fait le transport dans de si mauvaises conditions, on tâchera de sauver les ruches de la manière suivante : On les mettra dans une cave obscure, on enlèvera les toiles et on placera un coin de bois au dessous, de manière à leur donner beaucoup d'air. Le lendemain, on remettra les ruches, si elles sont sauvées, dans l'endroit qu'elles devaient occuper.

Il est prudent de ne transporter les ruches qu'au printemps ou à l'automne, pendant la nuit, par un temps frais. On enveloppe les ruches avec de la toile d'emballage (fig. 8, p. 21), afin qu'elles aient de l'air par-dessous.

9e *faute. — On a transporté sans précautions des ruches qui ont été formées avec des essaims de l'année précédente.*

Les ruches d'un an demandent beaucoup de soin pour être déplacées, car les rayons sont neufs et un choc pourrait les briser. On les transportera à dos d'homme, suspendues à un bâton que l'on porte sur l'épaule (fig. 9, p. 23).

10e *faute. — On a transporté pendant la belle saison, des ruches prises très près de son habitation.*

Si l'on a acheté des ruches à moins de 2 ou 3 kilomètres de son domicile, on ne devra les transporter que pendant l'hiver, lorsqu'il ne gèle pas. Mais il est toujours préférable de se procurer des colonies à plus de 2 kilomètres de la station nouvelle qu'elles doivent occuper.

FIG. 3. — RÉCOLTE D'UN ESSAIM MAL POSÉ.

Un essaim naturel s'est posé le long d'un tronc d'arbre. Pour le recueillir, on a attaché une ruche vide à une branche, et à l'aide d'un peu de fumée, l'apiculteur fait monter l'essaim dans la ruche.

Fig. 4. — Commencement de la construction des rayons.

Ruche vulgaire en osier dans laquelle les abeilles ont commencé à construire des rayons. La cire de ces rayons étant neuve, les rayons sont encore d'une teinte très claire.

Fig. 5. — Ruche pleine de rayons.

Ruche vulgaire en petit bois, que les abeilles ont achevé de remplir avec des rayons.

FIG. 6. — POSE D'UNE HAUSSE A UNE RUCHE VULGAIRE.

L'apiculteur a acheté des ruches vulgaires trop petites ; il a soin, dès le printemps, de les agrandir à l'aide de hausses qu'il place sous la ruche. (La ruche et la hausse doivent être attachées entre elles par des crochets en fer.)

FIG. 7. — TRANSVASEMENT DANS UNE RUCHE A CADRES PAR SUPERPOSITION.

L'apiculteur a une petite ruche vulgaire renfermant une colonie, et il veut la faire passer dans une ruche à cadres; il a placé la ruche vulgaire sur la ruche à cadres. Le tout est recouvert d'un capuchon de paille. Il a eu soin d'amorcer d'avance tous les cadres comme l'indique la fig. 29, p. 59, ou mieux, de remplir la ruche de feuilles, gaufrées (fig. 33, p. 67).

FIG. 8. — RUCHE PRÊTE A ÊTRE TRANSPORTÉE.

L'apiculteur désirant transporter une colonie, l'enveloppe le soir dans une toile d'emballage. Pour qu'elle ne manque pas d'air, il a placé un coin sous la ruche.

FIG. 9. — TRANSPORT DES RUCHES.

L'apiculteur transporte des ruches. Deux ruches entoilées sont suspendues aux deux extrémités du bâton qu'il porte sur son épaule.

CHAPITRE SECOND

TRANSVASEMENT

I. — Transvasement prématuré.

11e *faute. — On a transvasé une colonie trop tôt dans la saison.*

Lorsqu'on a transvasé une colonie, en mars par exemple, il est rare (sauf dans le Midi) qu'il ne survienne ensuite des temps froids et sans miel pendant lesquels les abeilles ne peuvent pas construire de nouveaux rayons ni, en général, travailler sur les feuilles gaufrées.

Si les abeilles travaillent, elles pourront épuiser leurs provisions de miel rapidement, le transvasement occasionnant une assez grande dépense de miel.

On sera donc obligé de les nourrir (Voyez plus loin, fig. 47, p. 109).

La meilleure époque pour transvaser est dans le courant d'avril ou le commencement de mai, un peu plus tôt dans le Midi.

Quant à transvaser les abeilles à la fin de la saison, cela est fort dangereux; non seulement il faudrait être un bon apiculteur pour réussir dans cette opération, mais il serait nécessaire d'avoir en réserve des rayons de miel pour l'hivernage de la colonie transvasée.

II. — Transvasement d'une ruche vulgaire dans une ruche vulgaire vide.

12e *faute. — On a commencé le tapotement vers le haut ou vers le milieu de la ruche au lieu de commencer par le bas.*

Si l'on opère ainsi, les abeilles refusent souvent de quitter leur demeure pour monter dans la ruche vide ou ne le font que très lentement ; elles restent accrochées à leurs rayons, sans vouloir bouger.

On doit donc tapoter d'abord le bas de la ruche et ne frapper plus haut que lorsqu'on voit les abeilles monter dans la ruche vide. On hâte beaucoup la sortie des abeilles, en plaçant, sous la ruche à transvaser, un chiffon allumé dont la fumée pénètre par un trou que l'on a fait dans le bas de la ruche.

13e *faute. — On n'a pas su placer, dans la position voulue, la ruche vide sur la ruche à transvaser.*

On doit placer la ruche vide en l'inclinant, de façon que l'un des bords touche la ruche pleine renversée, du côté où les abeilles ont l'habitude de passer pour sortir (fig. 15, p. 35). En prenant cette précaution, les abeilles passeront plus rapidement dans la ruche vide.

14e *faute. — On a voulu transvaser les abeilles par un temps froid.*

Lorsqu'il fait froid, les abeilles ne veulent pas quitter leur ruche ; pour que l'opération se fasse aisément, il faut 15 à 20 degrés de chaleur.

15e *faute. — On transvase les abeilles par un temps favorable, mais, comme elles ne veulent pas passer, on croit l'opération manquée.*

En ce cas, voici un moyen de forcer les abeilles à quitter leur demeure : On tapote la ruche, et dès que le bord des rayons est couvert d'abeilles, on remet la ruche dans le sens ordinaire, puis on la frappe légèrement sur une toile étendue par terre. Les abeilles tombent sur la toile et on les recouvre d'une autre ruche vide. On recommence ainsi plusieurs fois la même manœuvre jusqu'à ce qu'il n'y ait plus d'abeilles dans la ruche à transvaser.

Quoi qu'il en soit, on se rend mieux compte de l'opération

FIG. 10. — L'APICULTEUR FRAPPE SUR LA RUCHE DU BAS, AFIN DE FAIRE MONTER LES ABEILLES DANS LA RUCHE DU HAUT.

en chassant les abeilles à ciel ouvert (fig. 15, p. 35), que par l'ancien procédé (fig. 10).

16e *faute. — On a voulu transvaser une colonie par un temps de grande miellée.*

Lorsque le miel abonde dans les fleurs, un grand nombre de cellules sont remplies de miel non operculé. Dans ce cas, il y a beaucoup de danger à transvaser une colonie d'une ruche vulgaire dans une ruche vide; le tapotement fait couler le miel des cellules entre les rayons et sur les abeilles, ce qui englue de miel ces dernières, et la mère peut courir des dangers. On ne doit donc pas choisir un moment de grande miellée pour transvaser les ruches.

17e *faute.* — *On a cru que le transvasement avait réussi parce que l'on a reconnu que la plus grande partie des abeilles étaient dans la ruche supérieure.*

Lorsque l'on pense que le transvasement est terminé, on doit toujours placer la ruche qui vient de recevoir les abeilles sur un drap noir, afin de s'assurer de la présence de la mère par les œufs qu'elle ne tardera pas à laisser tomber sur le drap (fig. 16, p. 37). Si, au bout d'un certain temps, on ne découvre pas d'œufs sur le drap, on doit continuer le tapotement.

III. — Transvasement dans une ruche à cadres.

18e *faute. — On a voulu transvaser trop tard une ruche vulgaire dans une ruche à cadres, par renversement de la ruche vulgaire.*

Lorsqu'on a voulu transvaser une ruche vulgaire, par renversement, au-dessous d'une ruche à cadres (fig. 17, p. 39), il peut se présenter plusieurs cas embarrassants :

Si la ruche vulgaire ne possède qu'une faible population, les abeilles ne se décideront pas à quitter leur ruche. Si la ruche possède une très forte population, mais qu'on la renverse trop tard dans la saison, elle pourra essaimer et la colonie sera devenue alors trop faible pour passer dans la ruche supérieure.

Pour réussir cette sorte de transvasement, il faut donc une forte population et opérer le renversement environ 15 à 20 jours avant l'époque probable de l'essaimage naturel.

Si l'on a transvasé trop tard, dans le cas où la ruche essaime, il faudrait rendre l'essaim à la ruche, et, si les abeilles ne se sont pas décidées à passer à la fin de la saison, il faut renoncer au transvasement pour cette année et remettre la ruche vulgaire dans sa position naturelle, pour l'hivernage.

19e *faute. — Dans la ruche à cadres qu'on a préparée pour recevoir des abeilles, on n'a pas eu le soin de placer les cadres régulièrement à côté les uns des autres.*

Il résulte de cette mauvaise disposition que les abeilles construiront irrégulièrement leurs rayons dans les cadres, et aussi entre les vides des rayons quand ils sont trop éloignés les uns des autres. Lorsqu'on voudra visiter la ruche, on aura beaucoup de difficultés pour remettre tout en ordre.

On serait obligé alors, en effet, de recouper les rayons régulièrement, de les fixer dans les cadres avec des ficelles et même de sacrifier les parties trop irrégulières.

20e *faute. — Après l'introduction de l'essaim dans la ruche, on a négligé de placer la ruche d'aplomb sur son tabouret.*

Si l'on s'est servi de cadres qui sont seulement amorcés vers le haut, il est indispensable de mettre la ruche bien verticalement sur son tabouret ; sans cette précaution

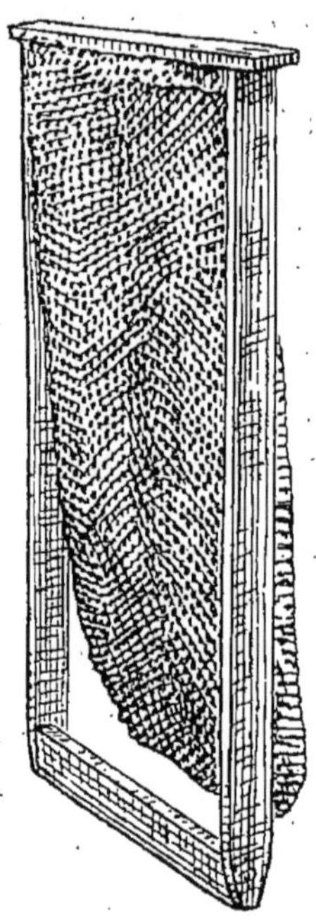

FIG. 11. — RAYON MAL CONSTRUIT DANS LE CADRE, LORSQUE LA RUCHE N'A PAS ÉTÉ PLACÉE D'APLOMB.

chaque rayon commencé bien droit s'inclinera ensuite en descendant sur le cadre suivant (fig. 11). Dans ce cas, on coupe sur les côtés chaque rayon mal construit, on le repousse au milieu du cadre, puis on remet la ruche d'aplomb.

21e *faute. — On n'a pas collé d'indicateurs dans les cadres.*

Les abeilles, dans ces conditions, bâtiront les rayons de travers dans les cadres, et il sera impossible de visiter les ruches sans briser les rayons. Lorsqu'on amorce les cadres, il est très important d'en garnir entièrement le haut, et tous les morceaux doivent se toucher (fig. 18, p. 41, et fig. 29, p. 59); sans quoi les abeilles pourraient encore construire irrégulièrement.

Lorsque l'apiculteur ne possède ni cire gaufrée, ni vieux

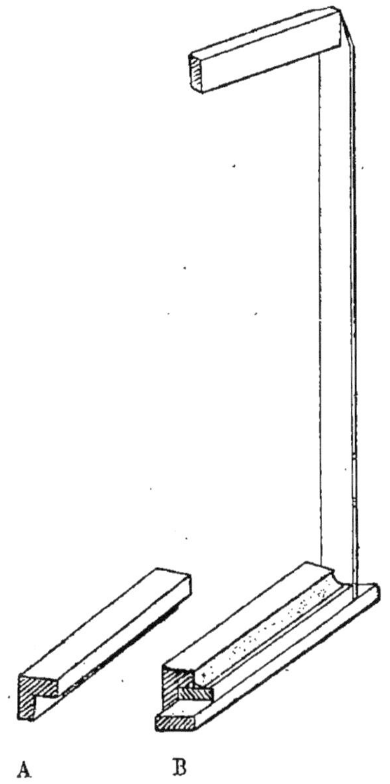

FIG. 12. — MANIÈRE DE PLACER LA LAME DE CIRE AMORCE.

A, règle en équerre pour la pose de la lame de cire amorce; B, cadre (supposé coupé) montrant la disposition à prendre pour y couler une lame de cire comme amorce.

rayons pour amorcer les cadres, il s'y prendra de la manière suivante pour diriger la construction des abeilles dans les cadres :

On fait construire une règle en forme d'équerre comme celle indiquée en A, fig. 12; cette règle a une longueur égale à la largeur intérieure du cadre. Après avoir bien enduit de suif la règle, on l'applique sur la traverse supérieure du cadre renversé (en B, fig. 12).

On verse ensuite dans l'angle formé par la règle et le cadre de la cire fondue ; dès qu'elle est refroidie, on

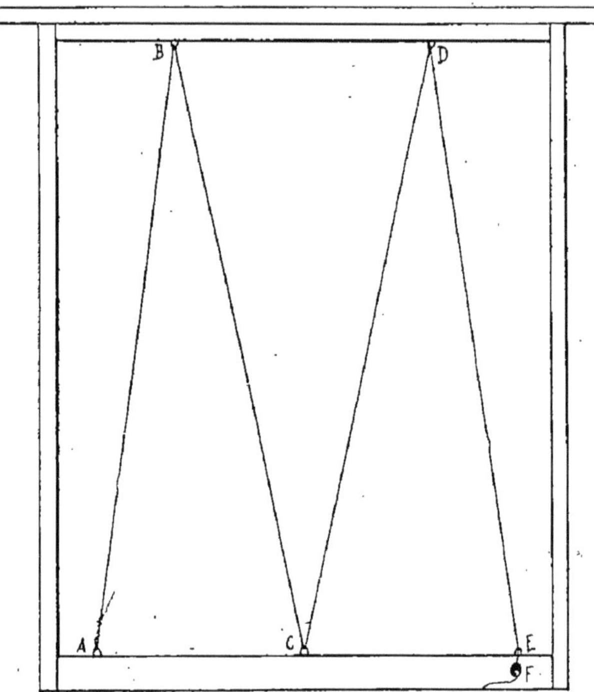

FIG. 13. — CADRE AVEC FILS DE FER POUR MAINTENIR LA CIRE GAUFRÉE.

Pour attacher le fil de fer dans les cadres, on s'y prendra de la manière suivante : On commence par clouer des agrafes au milieu des traverses aux points A,B,C,D,E. On attache ensuite le fil de fer à l'agrafe A, et après avoir passé successivement le fil au travers des agrafes B,C,D,E, on enroule le bout du fil autour d'une point de tapissier F, que l'on cloue sur la traverse.

enlève la règle, et il reste attaché en haut du cadre une arête de cire (fig. 19, p. 43).

22e *faute. — On a fixé de la cire gaufrée dans les cadres en plaçant des fils de fer verticalement.*

En ce cas, la plaque de cire gaufrée peut glisser sur les fils par la chaleur, et s'effondrer dans la ruche. Les figures 13 et 14 indiquent la façon dont on doit s'y prendre pour fixer la cire gaufrée dans les cadres, de la meilleure manière.

FIG. 14.— MANIÈRE DE TENDRE LES FILS DE FER SUR UN CADRE.

Pour tendre les fils de fer, on emploie une pince que l'on place comme l'indique la figure, la mâchoire supérieure de la pince reposant sur l'agrafe. En serrant la pince, l'agrafe s'enfonce dans le bois et tend le fil de fer. Ensuite, la feuille de cire gaufrée est placée sur une planche de même grandeur qu'elle, et l'on met, par-dessus, le cadre garni de fil de fer; puis, à l'aide d'une roulette chauffée à la lampe, on enfonce le fil de fer dans la cire (fig. 20, p. 45).

23e *faute. — On a acheté des feuilles gaufrées en cire falsifiée.*

Par suite de la concurrence, on trouve souvent dans le commerce des cires falsifiées. Ces feuilles de cire offrent beaucoup d'inconvénients. Tantôt elles s'effondrent dans la ruche, tantôt les abeilles refusent d'y travailler, la mère d'y pondre, etc., etc. Pour avoir de la cire pure d'abeilles il ne faut pas craindre d'y mettre le prix; c'est une très mauvaise économie que d'acheter la cire gaufrée au meilleur marché possible.

Un des procédés les plus simples qu'on emploie souvent pour reconnaître si la cire est pure ou non est le suivant:

On fond dans de petits tubes en papier, d'une part un petit bâton de cire dont la pureté est certaine, d'autre part un petit bâton semblable de la cire à essayer. On place les deux bâtons dans deux flacons que l'on remplit de benzine. La cire pure se dissoudra très bien, si on secoue de temps en temps le flacon, tandis que la cire falsifiée laissera des morceaux non dissous ou incomplètement attaqués par la benzine, même lorsqu'on la secoue.

24e *faute. — On laisse sans emploi les morceaux de rayons*

remplis de miel qui restent à la suite d'un transvasement dans une ruche à cadres.

Lorsqu'on a transvasé une ruche vulgaire directement dans une ruche à cadres, en coupant les rayons de la ruche vulgaire pour les agencer dans les cadres de la ruche qui doit recevoir les abeilles, il reste à la fin de l'opération beaucoup de morceaux de rayons avec cellules contenant du miel.

Pour utiliser ces fragments de rayons, on peut les placer entre deux grillages, dans un cadre, comme l'indique la figure 21, p. 47. Ce cadre sera mis dans la ruche à la suite des cadres qui s'y trouvent déjà, et on le retirera dès que les abeilles en auront enlevé le miel.

25e *faute. — On laisse, dans les cadres, des rayons qui ont trop de cellules de mâles.*

Après l'extraction du miel, on doit couper les parties de ces rayons qui contiennent des cellules de mâles, et les remplacer par des morceaux de même grandeur, que l'on emboîte dans les parties vides (fig. 22, p. 49); les abeilles se chargeront de resouder les morceaux entre eux.

26e *faute. — On a peuplé les ruches à cadres, au milieu du jour, en jetant les abeilles soit sur un drap* (fig. 23, p. 51), *soit dans la ruche* (fig. 24, p. 53).

Dans les deux cas précédents, si l'on a opéré au milieu du jour par la grande chaleur, on a commis une faute, car l'essaim surexcité par la chaleur peut quelquefois s'envoler et se perdre; on doit donc faire cette opération vers la chute du jour. Pour être certain que l'essaim reste dans la ruche à cadres, il est utile d'ajouter, parmi les cadres à construire, un rayon de couvain pris à une forte colonie du rucher.

FIG. 15. — TRANSVASEMENT D'UNE RUCHE VULGAIRE PAR TAPOTEMENT.

L'apiculteur chasse, par le tapotement, les abeilles d'une ruche vulgaire dans une ruche vide. Les deux ruches sont attachées entre elles par des crochets. L'apiculteur regarde les abeilles monter dans la ruche supérieure afin de voir passer la mère, ce qui lui indiquera que l'opération a réussi.

FIG. 16. — RECHERCHE DES ŒUFS.

L'apiculteur, après avoir chassé les abeilles d'une colonie dans une ruche vide, avait placé cette ruche sur un plateau recouvert de drap noir, dans le but de s'assurer que la mère est avec les abeilles. Si la mère était dans la ruche, elle a dû laisser tomber des œufs sur le drap. On voit en effet, les œufs qu'il montre avec son doigt. La ruche qui contient les abeilles est placée provisoirement par terre.

FIG. 17. — TRANSVASEMENT DANS UNE RUCHE A CADRES, PAR RENVERSEMENT.

L'apiculteur a renversé au printemps une forte ruche vulgaire, en la mettant dans un creux, en terre; il a placé sur cette ruche renversée un plateau percé d'un trou, et par-dessus, la ruche à cadres garnie de feuilles gaufrées. (On voit contre le mur à gauche un autre plateau semblablement percé.) A la fin d'une saison mellifère, les abeilles seront montées dans la ruche à cadres, et l'on pourra supprimer la ruche vulgaire vide de miel et de couvain.

3

FIG. 18. — COLLAGE DES AMORCES.

L'apiculteur a découpé les morceaux de rayons que l'on voit au milieu de la table. A l'aide de colle forte, il fixe ces morceaux les uns à côté des autres sous la traverse supérieure d'un cadre renversé. On voit à gauche, appuyés contre une caisse, des cadres déjà amorcés et, par terre, d'autres cadres qui ne le sont pas encore ; un réchaud, sur lequel se trouve la colle forte, est placé à côté de l'opérateur.

Fig. 19. — Apiculteur amorçant des cadres.

L'apiculteur, après avoir placé la règle (A, fig. 12, p. 31) sur le cadre dans la position voulue (B, fig. 12, p. 31), verse de la cire fondue bien chaude entre la règle et la traverse du cadre. Après avoir laissé refroidir la cire, il enlève la règle et il reste une bande de cire attachée au cadre. On voit sur la table trois cadres déjà amorcés.

FIG. 20. — FIXAGE DE LA CIRE GAUFRÉE DANS LES CADRES.

L'apiculteur a placé une feuille de cire gaufrée sur une planche épaisse de même grandeur que la feuille. Il met le cadre garni de fil de fer sur la feuille de cire gaufrée. A l'aide d'une roulette, qu'il a eu soin de chauffer sur la lampe à esprit-de-vin, placée à côté de lui, il enfonce le fil de fer dans la cire en promenant la roulette sur le fil.

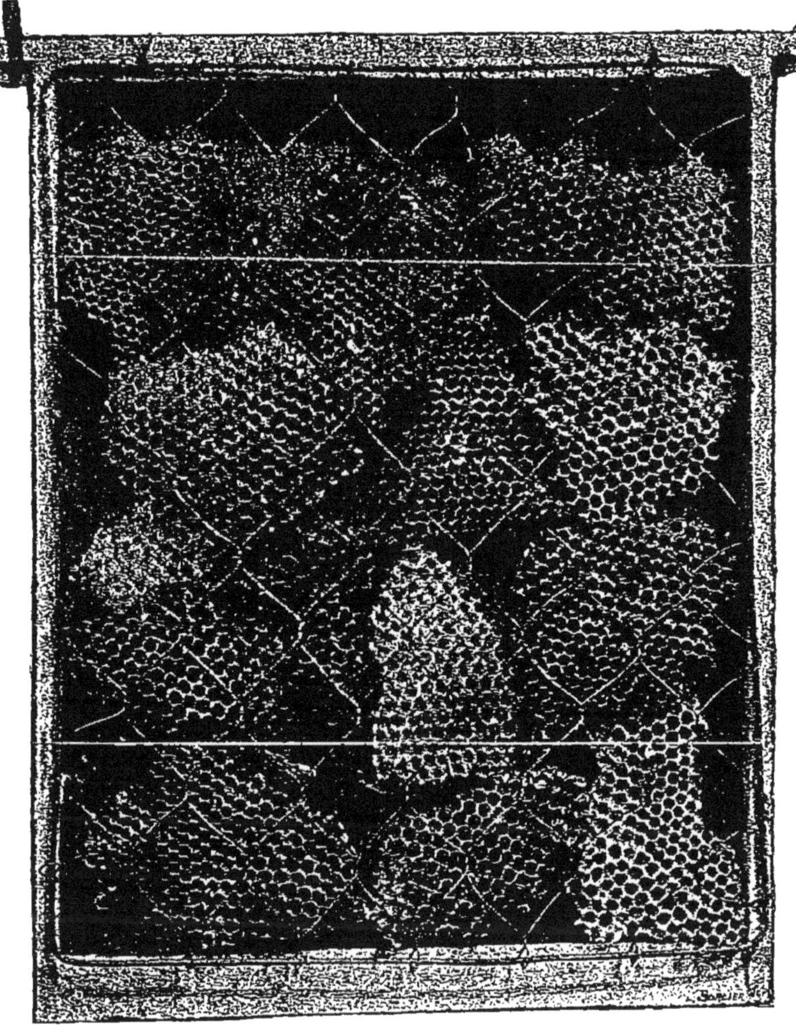

FIG. 21. — CADRE REMPLI DE MORCEAUX DE RAYONS DONT LE MIEL EST RENDU AUX ABEILLES.

Pour utiliser les restes de rayons et en faire enlever le miel par les abeilles, l'apiculteur les dispose dans un cadre entre deux grillages attachés par des ficelles; ce cadre est ainsi placé dans la ruche à la suite des autres rayons; on l'enlève de la ruche dès que les abeilles en ont retiré le miel. La figure représente un cadre rempli de morceaux de rayons dont les abeilles viennent d'enlever tout le miel.

FIG. 22. — CADRE A CELLULES DE MÂLES REMPLACÉES.

L'apiculteur, ayant un rayon composé en grande partie de cellules de mâles, a supprimé tout l'espace occupé par ces cellules et l'a remplacé par un grand morceau de rayon à cellules d'ouvrières. On voit dans ce rayon des parties foncées et d'autres blanches. Les parties blanches indiquent que les abeilles, dans ces endroits, ont allongé les cellules avec de la nouvelle cire.

FIG. 23. — INTRODUCTION D'UN ESSAIM DANS UNE RUCHE A CADRES.

L'apiculteur a placé par terre, sur un drap, une ruche à cadres soulevée par un coin. D'un coup sec, il a fait tomber les abeilles contenues dans la ruche vulgaire sur le drap, d'où elles se dirigent vers la ruche à cadres pour y entrer.

FIG. 24. — INTRODUCTION D'UN ESSAIM DANS UNE RUCHE A CADRES EN JETANT L'ESSAIM DANS LA RUCHE.

La ruche à cadres est placée bien d'aplomb à l'endroit où elle doit rester. A partir d'un des côtés, on met 8 ou 10 cadres garnis soit de cire gaufrée soit d'amorces et disposés convenablement. Les intervalles des cadres sont fermés en haut comme à l'ordinaire. Dans la partie de la ruche qui n'a pas de cadres, d'un coup sec, on fait tomber les abeilles du panier dans la ruche. On recouvre ensuite la ruche avec une toile pour empêcher les abeilles de s'envoler; puis, à l'aide du soufflet, on lance de la fumée sous la toile, en se plaçant du côté de l'espace vide dans lequel on a fait tomber les abeilles, afin de forcer ces dernières à aller dans les cadres. On ouvre ensuite la porte qui se trouve du côté des cadres et on laisse l'autre fermée. Le lendemain on s'assure que les cadres n'ont pas été dérangés pendant l'opération.

CHAPITRE TROISIÈME

VISITE DES RUCHES

27e *faute. — On ne sait pas faire manœuvrer l'enfumoir, ou il s'éteint pendant l'opération.*

Qu'il s'agisse de la visite des ruches vulgaires (fig. 30, p. 61), ou de la visite des ruches à cadres (fig. 31, p. 63, et fig. 32, p. 65), le débutant doit apprendre à manœuvrer l'eufumoir avant de s'en servir au rucher, car si cet instrument ne donne qu'imparfaitement de la fumée, les abeilles peuvent s'irriter et les piqûres ne se font pas attendre. Si l'enfumoir s'éteint, le mieux est de remettre l'opération à plus tard, après avoir refermé la ruche.

28e *faute. — On visite les abeilles, à une époque où elles ne trouvent pas de miel, en les enfumant trop modérément.*

C'est une faute, car en ce cas, on devra employer beaucoup de fumée pour les dompter, et, il faudra d'autant plus de temps pour les mettre en bruissement que la température sera plus basse.

29e *faute. — On ne sait pas reconnaître, en examinant des rayons, à quoi correspondent les divers états qu'ils peuvent présenter.*

Si l'on ne sait pas déterminer en regardant un rayon, lors de la visite des ruches, à quoi se rapportent les divers aspects qu'il peut présenter, on ne peut presque rien conclure au sujet de l'état de la colonie.

Le débutant doit donc apprendre à connaître :

1° Le commencement du travail des abeilles sur un cadre garni de cire gaufrée (fig. 33, p. 67) ;

2° Le couvain de mâles et le couvain d'ouvrières (fig. 34, p. 69);

3° Le couvain compact ou en couronne (fig. 35, p. 71) qui est la preuve que la colonie possède une bonne mère;

4° Le couvain éparpillé (fig. 36, p. 73) qui indique généralement que la ruche contient une mauvaise mère;

5° Les cellules operculées contenant du miel, et leur différence avec les cellules de couvain (fig. 35, 36 et 37, p. 71, 73, 75);

FIG. 25. — ALVÉOLES DE MÈRES.

FIG. 26. — COUVAIN A DIFFÉRENTS ÉTATS.

a, œuf d'ouvrière; *b*, *c*, *d*, *e*, *f*, larves de différents âges; *g*, alvéoles fermés par un couvercle bombé, contenant du couvain à l'état de transformation; *h*, larve transformée en abeille prête à sortir de l'alvéole.

6° Les alvéoles de mères (fig. 25);

7° Le couvain à différents états (fig. 26).

Remarquons que lorsqu'on dit de prendre dans une ruche un rayon de couvain de tout âge pour le donner à une autre ruche, cela veut dire de prendre un rayon qui contient du couvain semblable à celui représenté dans les alvéoles par la figure 26.

30ᵉ *faute.* — *Durant la visite d'une ruche, on trouve des rayons effondrés, et on les enlève pendant le jour.*

Si l'on trouve des rayons plus ou moins écroulés (soit parce que les feuilles de cire étaient falsifiées, soit parce qu'elles étaient mal attachées, soit par suite de la grande chaleur), il sera prudent de remettre au soir cette longue opération; en effet, si l'on enlevait ces rayons dans le jour, le miel pourrait couler dans la ruche, les abeilles des autres colonies s'en apercevraient, et la ruche courrait le danger d'un pillage.

31e *faute. — En visitant une ruche, on trouve des rayons de miel beaucoup trop épais, et quand on veut les déplacer on ne peut pas les intercaler entre les autres.*

Cet inconvénient provient le plus souvent de ce que l'on n'a pas eu soin de placer, dès le début, les rayons à égale distance les uns des autres. Pour remédier à ce défaut, on enlève les rayons et on coupe tout ce qui est en trop, et on peut alors les intercaler dans la ruche.

32e *faute. — On a oublié de soufrer les rayons de réserve.*

A la sortie de l'hiver et tant que la température reste froide, la fausse-teigne ne se développe pas dans les rayons ; mais dès les premières chaleurs, si l'on a négligé de brûler du soufre dans les caisses ou dans la chambre où se trouvent les rayons, la teigne se développera rapidement et les détruira en peu de temps, surtout s'ils sont vieux et s'ils se touchent les uns les autres.

On peut fort bien conserver les rayons dans les ruches sous la protection des abeilles ; les seules colonies où la teigne peut se développer sont les colonies orphelines, ou celles par trop faibles et qui contiennent un grand nombre de rayons non couverts par les abeilles.

33e *faute. — Au moment de l'essaimage, la ruche à cadres contient une quantité insuffisante de rayons complètement construits.*

Si une grande ruche, pouvant contenir par exemple 20 rayons, n'en possède encore que 5 ou 6, qui soient entièrement construits, les abeilles n'ayant pas la place suffisante pour leur travail, essaimeront comme si la ruche était petite.

Pour qu'une grande ruche ait le moins de chances d'essaimer, il faut qu'elle soit presque remplie de bâtisses à l'époque de la grande récolte. Les feuilles de cire gaufrée, non achevées par les abeilles, ne peuvent remplacer les rayons achevés et l'on ne pourra donc espérer supprimer presque entièrement l'essaimage que lorsqu'on aura fait construire successivement à ses abeilles un nombre suffisant de rayons.

34ᵉ *faute. — La mère étend sa ponte sur beaucoup de rayons dans une ruche à cadres horizontale.*

En ce cas on sera quelquefois gêné pour la récolte.

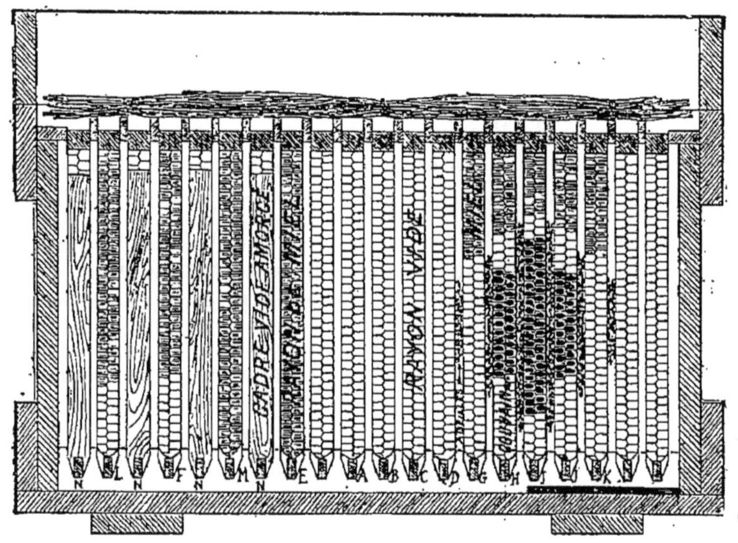

Fig. 27. — Arrangement des cadres dans une ruche au printemps.

C'est la faute du débutant, soit parce qu'il a des abeilles de race étrangère, qui offrent plus d'inconvénients que d'avantages, soit parce qu'il n'a pas, à la première visite du printemps, changé les rayons comme il est indiqué (fig. 27).

Au printemps, l'apiculteur arrange les rayons de la manière suivante : Autour des rayons H. I. J. qui contiennent le couvain et un peu de miel au sommet, il met des rayons vides de miel à gauche et à droite du couvain pour forcer la mère à ne pondre que dans cette partie de la ruche. On en voit dans la figure, deux à droite du couvain et cinq à gauche.

A l'autre extrémité de la ruche, il place les rayons de miel qui restent, en les alternant avec des cadres vides. seulement amorcés au sommet. On voit dans la figure les rayons de miel L. F. M. E. qui alternent avec les cadres vides N. N. N. N.

Il résulte de cet arrangement que la mère a toute la place

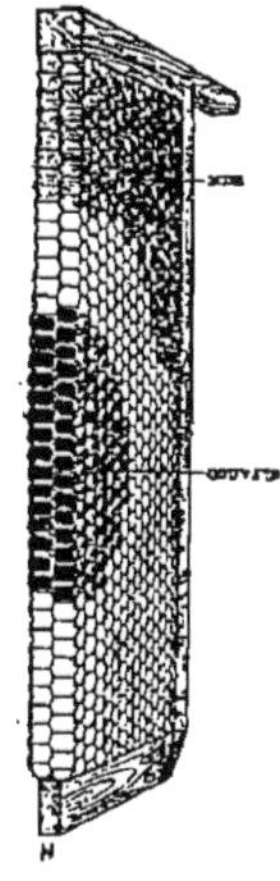

FIG. 28. — CADRE COUPÉ PAR LE MILIEU CORRESPONDANT AU CADRE H DE LA FIGURE 27.

FIG. 29. — UN CADRE AMORCÉ CORRESPONDANT A L'UN DES CADRES NNNN DE LA FIGURE 27.

nécessaire pour pondre, et les abeilles toute la place nécessaire pour emmagasiner le miel et construire des rayons si elles le désirent.

La figure 28 représente un des rayons ayant du couvain au milieu et du miel au sommet.

La figure 29 représente un cadre amorcé correspondant à l'un des cadres N N N de la figure 27.

On peut aussi donner de la place à la mère pour pondre en désoperculant, à l'aide d'un couteau, le miel qui se trouve au-dessus des rayons contenant du couvain (les abeilles enlèvent le miel qui est remplacé par du couvain). On place ensuite des rayons vides à droite et à gauche des rayons de couvain.

35e *faute. — On a greffé un alvéole de mère sur un rayon sans couvain et on a placé le rayon en dehors des cadres de couvain de la ruche.*

Si les abeilles ne sont pas très nombreuses dans la ruche, elles abandonneront l'alvéole et l'opération sera manquée ; on doit toujours greffer un alvéole au milieu du couvain et placer le rayon avec les autres rayons de couvain. (Voyez fig. 38, p. 77.)

FIG. 30. — VISITE D'UNE RUCHE VULGAIRE.

On a renversé une ruche vulgaire sur une hausse pour la visiter. N'ayant pas trouvé de couvain operculé, l'apiculteur a coupé un morceau de rayon, et il regarde au fond des cellules afin de voir s'il y trouve des larves ou des œufs.

FIG. 31. — ENFUMAGE D'UNE RUCHE.

L'apiculteur, avant de visiter les rayons d'une colonie, commence par enfumer pendant quelque temps les abeilles entre les cadres de l'extrémité de la ruche. Il a placé, à côté de lui, la caisse destinée à recevoir les rayons qu'il pourrait enlever, s'il y a lieu.

Fig. 32. — Visite des rayons.

L'apiculteur visite les rayons d'une ruche à cadres. Pendant l'opération, il a eu soin de placer l'enfumoir devant lui sur la ruche, afin de travailler dans un petit nuage de fumée qui maîtrise les abeilles et empêche les pillardes de s'introduire dans la ruche.

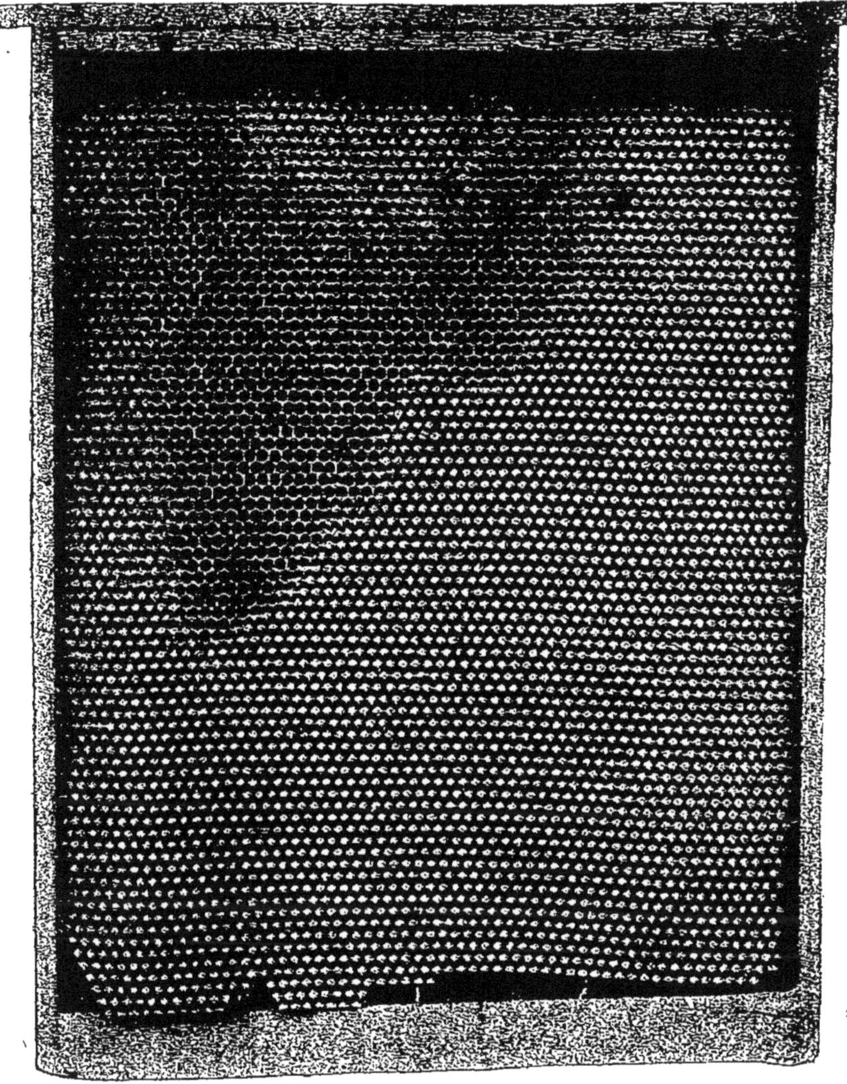

FIG. 33. — RAYON GARNI DE CIRE GAUFRÉE OÙ LES ABEILLES ONT A PEINE COMMENCÉ A TRAVAILLER.

Dans le haut de cette feuille à gauche on voit une partie plus foncée où les abeilles ont commencé à travailler pour former des cellules d'ouvrières.

FIG. 34. — CADRE AVEC COUVAIN DE MÂLES.

Rayon occupé en grande partie par du couvain de mâles. Dans la partie gauche, en bas, se trouve du couvain d'ouvrières. On voit dans ce rayon qu'une partie des jeunes abeilles sont déjà sorties des cellules ouvertes.

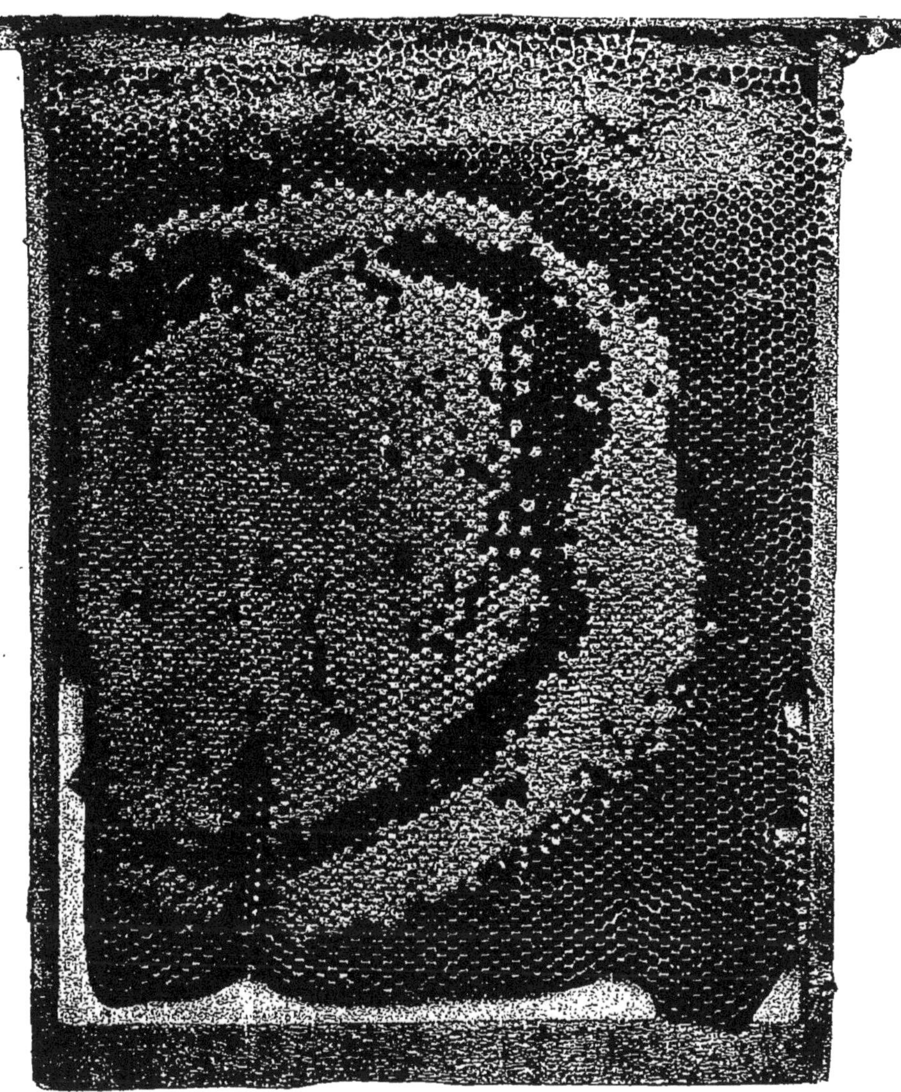

Fig. 35. — Rayon a couvain compact et en couronne.

Lorsqu'au printemps, en visitant ses colonies, l'apiculteur trouve dans ses ruches des rayons ayant du couvain en masse compacte ou en couronne serrée, il peut être certain que la mère est bonne pondeuse. On voit qu'il reste encore dans ce rayon un peu de miel operculé, vers le haut.

FIG. 36. — RAYON A COUVAIN ÉPARPILLÉ.

Lorsqu'au printemps, en visitant ses colonies, l'apiculteur trouve dans une ruche (ce qui sera l'exception) du couvain éparpillé, la mère sera généralement mauvaise ; si en perçant les cellules à l'aide d'une tête d'épingle, on en retire une matière gluante, c'est que la ruche a la maladie de la loque.

On voit encore du miel operculé dans le haut du rayon.

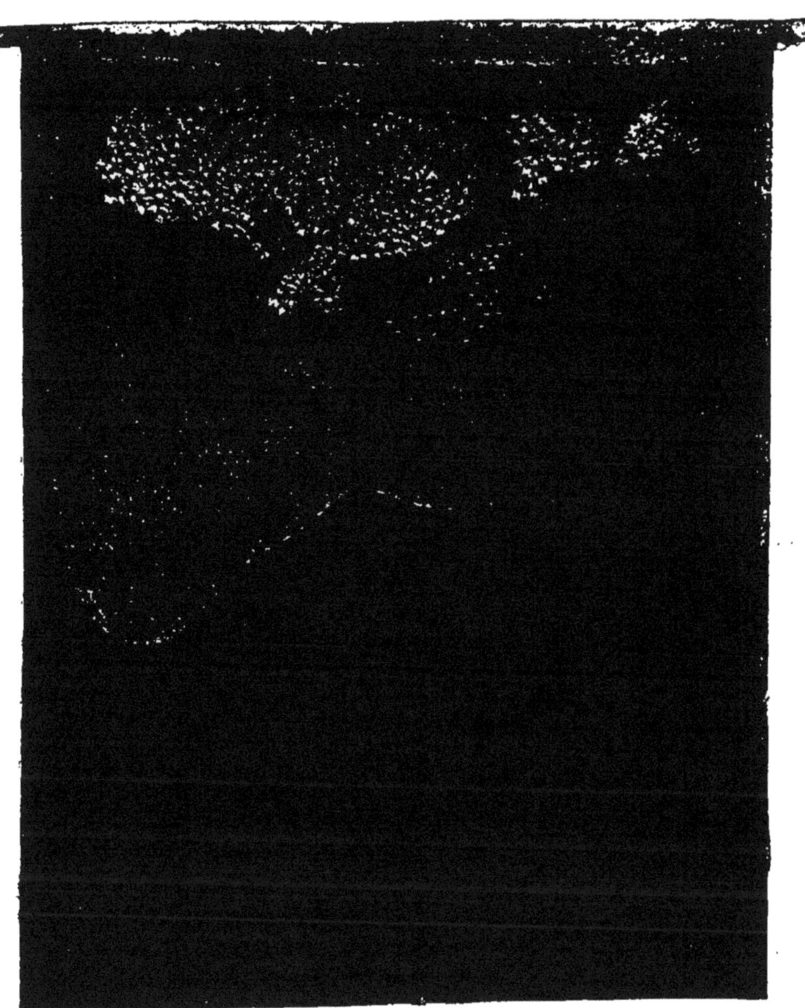

Fig. 37. — Batisses en voie de construction.

Commencement du travail des abeilles dans un cadre qui est amorcé avec des morceaux de vieux rayons collés au sommet du cadre. On voit de la cire nouvelle et blanche dans le bas du rayon, et, dans le haut, une partie des cellules occupées par du miel operculé.

FIG. 38. — GREFFAGE D'UN ALVÉOLE DE MÈRE.

L'apiculteur coupe dans un cadre, qu'il tient à la main, un morceau de rayon en forme de triangle, au milieu duquel on voit un alvéole de mère. Après avoir détaché délicatement ce morceau de rayon, il l'introduit dans un trou triangulaire de même grandeur que l'on voit dans le rayon placé par terre contre la ruche.

CHAPITRE QUATRIÈME

RÉCOLTE ; RÉUNIONS ; PILLAGE ; ESSAIMAGE ARTIFICIEL

I. — Récolte.

36e *faute*. — *On a placé trop tôt les calottes ou les hausses sur les ruches à cadres verticales.*

Dans ce cas, on risque, s'il survient une basse température, de refroidir le couvain ; d'autre part, ce qui offre un grand inconvénient, les mères peuvent passer dans les hausses et les calottes pour y continuer la ponte. Généralement, on devra placer les hausses ou les calottes quelques jours avant la grande récolte (fig. 39, p. 89).

37e *faute*. — *On a laissé une calotte, ou une hausse de ruche à cadres verticale, se remplir de miel operculé.*

Si l'on récolte une calotte (fig. 40, p. 91) ou une hausse (fig. 41, p. 93) lorsqu'elle est pleine de miel, on peut perdre une partie de la récolte parce que, lorsque la calotte ou la hausse est pleine, la place manque, pour la récolte, à la fois dans la hausse et dans la ruche. On doit donc mettre une deuxième calotte ou une deuxième hausse, sous la première déjà placée, lorsque la première calotte ou la première hausse sont aux deux tiers pleines de miel.

38e *faute*. — *Dans la récolte des ruches à cadres* (fig. 42, p. 95), *on n'a pas assez écarté les rayons les uns des autres, lorsqu'on enlève un premier rayon.*

En retirant un premier rayon, on froisse les abeilles les unes contre les autres, ce qui les irrite, et elles piquent l'opérateur.

On doit donc toujours incliner les cadres les uns sur les autres, avant d'en enlever un.

39e *faute. — En récoltant une ruche à cadres, on a découvert tous les cadres à la fois.*

On ne doit découvrir que peu de cadres à la fois, ce qui facilite la visite. Avant d'enlever les cadres, il faut continuer à enfumer entre les rayons, jusqu'à ce que les abeilles fassent entendre un fort bourdonnement.

40e *faute. — On ne sait pas se servir du couteau à désoperculer.*

Pour opérer facilement il faut deux couteaux, dont l'un est trempé dans l'eau bouillante pendant qu'on se sert de l'autre. Pour désoperculer rapidement, on se sert du couteau Joly qui possède deux manches (fig. 43, p. 97): mais la forme de ces couteaux ne permet pas de les tremper dans l'eau bouillante; on se sert alors d'un fourneau à pétrole sur lequel on chauffe les couteaux.

41e *faute. — On a fait tourner l'extracteur trop vite au début, et on a brisé les rayons.*

Pour éviter cet accident, on doit faire marcher l'extracteur doucement. Quand la machine a acquis une certaine vitesse, on entend un bruit de pluie qui cesse au bout d'un certain temps; c'est à ce moment qu'il faut retourner les cadres pour extraire le miel de la seconde face jusqu'à épuisement; ensuite on les retourne pour épuiser également le premier côté, qui contient encore un peu de miel.

42e *faute. — On a placé dans l'extracteur, en face les uns des autres, des rayons de poids très différents.*

Si les rayons placés en face les uns des autres ne sont pas à peu près du même poids, l'extracteur en mouvement se met à balancer et l'on peut fausser l'appareil. On doit aussi faire attention, comme on l'a dit plus haut, à l'âge des rayons; les vieux rayons, ou ceux contenant du pollen, pesant beaucoup plus que les neufs. Pour les rayons neufs, qui sont très fragiles, on devra les placer entre des grillages (fig. 44, p. 99).

43e *faute. — On a extrait le miel avant qu'il ne soit operculé.*

Le miel extrait sans être operculé contient beaucoup d'eau, et, plus tard, il fermentera dans les vases et ne cristallisera qu'imparfaitement ; mais on peut généralement extraire le miel des rayons qui sont déjà aux trois quarts operculés.

44e *faute. — On a versé le miel directement dans les vases destinés à la vente sans l'avoir préalablement fait épurer.*

Cette méthode est mauvaise, même si on a fait couler le miel à travers un tamis ; car il passe toujours, à travers le tamis, de petites parcelles de cire qui remontent à la surface du miel. On doit verser le miel dans des épurateurs peu larges et très élevés; on le laissera ainsi s'épurer de lui-même pendant un certain temps; puis on le soutirera ensuite dans les vases. La partie supérieure de l'épurateur contient le miel le plus liquide, lequel pourra servir à faire de l'hydromel ou devra être consommé le premier, car il pourrait fermenter plus tard.

45e *faute. — On a placé les récipients contenant le miel dans un endroit humide.*

Si les vases contenant le miel ne possèdent pas de fermeture hermétique, ils doivent être rangés dans un endroit sec et aéré, dans un grenier par exemple. Sans cette précaution le miel absorbe l'humidité, reste liquide à la surface et cette partie supérieure fermente dans la suite. Dans un endroit humide, la fermeture hermétique des vases est absolument nécessaire.

46e *faute. — On n'a pas pris les précautions nécessaires pour que le miel cristallise dans les récipients qui le contiennent.*

Le miel de certaines fleurs, lorsqu'il n'est mélangé à

aucun autre, cristallise quelquefois difficilement. En faisant la récolte tardivement, ce qui fait qu'on récolte toujours alors un mélange de plusieurs miels, ou en laissant dans la ruche un peu de miel de l'année précédente que l'on passe à l'extracteur en même temps que le nouveau, le miel cristallise, en général, facilement.

II. — Réunions des colonies.

47e *faute. — On a réuni deux colonies éloignées les unes des autres et on s'étonne, les jours suivants, de ne pas trouver la ruche qui les contient sensiblement plus populeuse que précédemment.*

Pour qu'une réunion conserve toutes les abeilles des deux colonies, il est nécessaire qu'elles se trouvent à côté l'une de l'autre, car si l'on réunit deux ruches éloignées, le lendemain et les jours suivants, beaucoup de ces abeilles retourneront à leur ancienne place, et ne retrouvant plus leur demeure iront demander l'hospitalité aux ruches voisines. S'il y a du miel dans les fleurs, elles seront bien reçues, mais s'il y a disette de miel, elles seront tuées à l'entrée des ruches auxquelles elles s'adressent.

Si les ruches à réunir sont éloignées, on les rapprochera l'une de l'autre d'environ 50 centimètres, chaque jour où les abeilles travaillent.

48e *faute. — On a négligé, lors d'une réunion de ruches à cadres, de mettre tous les rayons de couvain ensemble.*

C'est une faute grave, car si le nombre des abeilles n'est pas suffisant pour couvrir tous les rayons de couvain, une partie de ce couvain est abandonné, périt dans les cellules; la maladie de la loque peut se déclarer et causer un grand dommage au rucher.

49e *faute. — Dans une réunion, on n'a pas suffisamment enfumé les deux colonies à réunir, et on n'a pas arrosé les abeilles avec du sirop aromatisé.*

Dans ce cas, il peut y avoir bataille entre les abeilles, et on trouvera beaucoup d'abeilles mortes sur le plateau ou par terre, hors de la ruche.

Si, après une réunion, on voit les abeilles se poursuivre et se battre, il faut se hâter d'enfumer de nouveau la colonie, asperger les abeilles de sirop, ou jeter entre les rayons et sur les abeilles quelques poignées de farine.

III. — Pillage.

Nous allons examiner maintenant les principales causes de pillage.

50e *faute.* — *On a oublié du miel dans le voisinage des ruches.*

Les abeilles ne doivent jamais pouvoir s'introduire dans un endroit quelconque où il y a du miel, à plus forte raison ne doit-on pas laisser du miel dans le rucher, ce qui pourrait amener toutes les colonies à se piller entre elles. Il n'y a rien qui excite plus les abeilles au pillage que d'avoir ainsi du miel à leur portée.

Lorsqu'on s'aperçoit qu'il y a un commencement de pillage, on place l'enfumoir devant la porte, de façon à empêcher les abeilles d'entrer dans la ruche (fig. 45, p. 101). On peut aussi asperger de pétrole la ruche pillée, sauf sur l'entrée, que l'on doit beaucoup rétrécir.

51e *faute.* — *En visitant une colonie, on a laissé la ruche trop longtemps ouverte.*

Lorsque les abeilles ne sortent guère au milieu du jour, ce qui indique qu'il y a peu de miel dans les fleurs, on doit apprendre à visiter les ruches rapidement, car pendant l'opération il y a toujours des abeilles venant d'autres colonies qui cherchent à s'introduire dans la ruche, ce qui peut amener le pillage.

Quand il y a disette de miel dans les fleurs, il sera prudent de ne visiter les ruches qu'à la tombée du jour et s'il se produit une certaine agitation dans le rucher tout se calmera avec la nuit.

Néanmoins, on devra pendant la visite des rayons, placer l'enfumoir mécanique sur la ruche en face de soi, de manière à travailler dans un nuage de fumée qui empêche les pillardes de s'introduire dans la ruche (fig. 32, p. 65).

52e *faute. — On a remis dans la ruche, au milieu du jour, pour les faire nettoyer par les abeilles, des rayons que l'on vient de passer à l'extracteur.*

Si l'on agit ainsi, il y a toujours danger de pillage. On ne doit donner les rayons à nettoyer qu'à la chute du jour, et, de plus, avoir soin de rétrécir beaucoup les entrées de toutes les colonies du rucher.

Lorsqu'on a beaucoup de rayons à faire nettoyer on devra les donner tous à la fois dans la même soirée. Le lendemain, on verra encore une certaine agitation, mais tout se calmera bientôt.

53e *faute. — On a laissé trop ouvertes les entrées des ruches faibles ou orphelines.*

Les colonies faibles ou orphelines doivent avoir leurs entrées très étroites, car il y a toujours des abeilles qui cherchent à pénétrer dans ces colonies pour s'emparer du miel. Dès que l'on s'aperçoit qu'une ruche est orpheline, on doit le plus tôt possible la réunir à une autre, c'est le moyen le plus simple d'en tirer parti.

54e *faute. — Les ruches mal construites possèdent des fentes par où les abeilles peuvent pénétrer.*

Les abeilles ne doivent pouvoir entrer et sortir des ruches que par une seule porte ; on doit donc boucher toutes les fentes par où les abeilles peuvent pénétrer; une seule ruche qui serait ainsi défectueuse pourrait être assaillie par les pillardes et causer un trouble général dans le rucher.

55e *faute. — On possède dans le rucher des colonies de races différentes.*

Les abeilles de races étrangères, par exemple les italiennes, sont pillardes par nature ; on devra donc surveiller plus attentivement un rucher qui possède des abeilles de races différentes. En général, lorsqu'on voit quelques colonies très actives au moment où toutes les autres travaillent peu, on doit craindre un trouble quelconque dans le rucher.

56e *faute. — Quand la ruche possède deux entrées, on a laissé les deux entrées ouvertes à la fois.*

Pendant la saison du travail, on ne doit laisser ouverte qu'une entrée à la fois. De cette façon les abeilles se gardent plus facilement et le couvain s'étend beaucoup moins. On ne se sert de la seconde entrée que durant l'hiver pour donner de l'air aux abeilles sur toute la largeur de la ruche (fig. 49, p. 113).

A la sortie de l'hiver, on referme la seconde entrée qui était ouverte pendant la saison froide.

IV. — Essaimage artificiel.

57e *faute. — On veut renouveler son rucher seulement par l'essaimage naturel.*

L'essaimage naturel offre de nombreux inconvénients; tantôt on espère avoir des essaims et il n'en sort pas des ruches, tantôt les essaims s'envolent au loin et ils sont perdus. D'autres fois, ils sont difficiles à recueillir, ou se mêlent ensemble, ou partant trop tard dans la saison ne peuvent récolter leurs provisions d'hiver. En tout cas, il faut, pendant des semaines, une surveillance constante dans le rucher. C'est pour obvier à ces multiples inconvénients que depuis longtemps on a proposé beaucoup de méthodes pour faire soi-même les essaims que l'on a appelé *essaims artificiels.*

L'apiculteur qui possède de grandes ruches à cadres ne doit pas compter, sauf exception, voir des essaims naturels sortir de ses ruches. Il en résulte que si, chaque année, il ne fait pas d'essaims artificiels, il sera obligé de combler les vides par l'achat de nouvelles colonies.

58e *faute. — On a employé une mauvaise méthode d'essaimage artificiel.*

La difficulté pour le débutant n'est pas de faire un essaim artificiel, ce qui est facile, mais de savoir choisir parmi les nombreuses méthodes proposées quelle est la meilleure. De plus, s'il opère sans connaître suffisamment les ressources multiples de la contrée, la force des colonies et l'époque la plus favorable, il peut commettre beaucoup de fautes.

Voici le principe d'une méthode d'essaimage artificiel qui donne presque toujours de bons résultats :

On se propose de faire un essaim artificiel au moyen de deux fortes ruches qui seront déplacées.

Supposons que ces deux fortes ruches soient les ruches A et B représentées ci-après, et qu'il y ait à côté d'elles

6

une ruche vide C dans laquelle on veut établir un essaim artificiel au moyen de ces deux fortes ruches A et B ; on aura :

1re position.

On fait passer toutes les abeilles de la ruche B dans la ruche C, qu'on met ensuite à la place qu'occupait la ruche B ; puis on pose la ruche B qui ne contient plus d'abeilles, à la place de la ruche A que l'on transporte au loin dans le rucher.

On aura donc :

2e position.

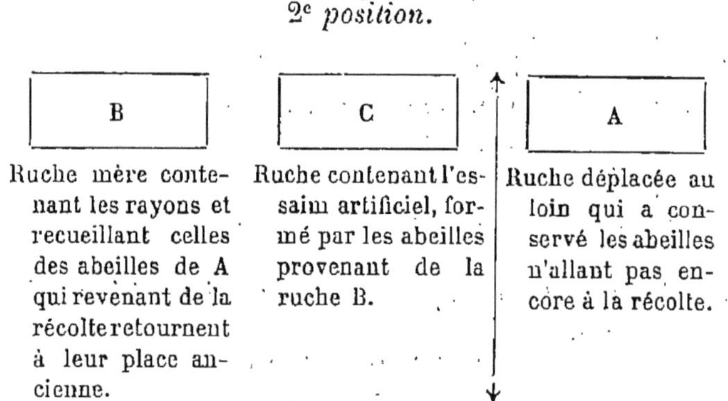

La ruche B se refera une mère, et on aura ainsi trois ruches au lieu de deux à la fin de la saison.

Nota. — Si la ruche B (ce qui arrivera rarement) donne un essaim secondaire, 13 ou 14 jours après l'opération, on recueillera l'essaim dans une ruche vulgaire. L'essaim sera mis dans une cave pendant 48 heures, et on le rendra ensuite à la ruche.

FIG. 39. — POSE D'UNE CALOTTE SUR UNE RUCHE VULGAIRE.

L'apiculteur, après avoir débouché le trou qui doit donner passage aux abeilles dans la calotte, pose cette calotte sur la ruche ; puis, avec un enduit qu'il dépose à l'aide d'une truelle, il ferme les fissures qui existent entre la calotte et la ruche.

FIG. 40. — RÉCOLTE D'UNE CALOTTE.

L'apiculteur soulève la calotte, l'enfume, rebouche le trou de passage des abeilles de la ruche vulgaire avec le bouchon qu'il tient à la main, puis il emporte la calotte pleine de rayons.

Fig. 41. — Récolte d'une ruche a hausse.

L'apiculteur, après avoir placé une toile sur la hausse découverte, soulève la hausse, puis avant de l'enlever, enfume les abeilles.

Fig. 42. — Récolte des rayons d'une ruche.

Après avoir enfumé la ruche, l'apiculteur, pour enlever les abeilles des rayons, les chasse des cadres sur lesquels elles se trouvent, en les rejetant dans la ruche à l'aide de la brosse. Il place ensuite les cadres dans la caisse qui est à côté de lui.

Fig. 43. — Désoperculation des rayons.

L'apiculteur a suspendu à deux crochets un rayon à désoperculer; puis, à l'aide du couteau il coupe les opercules. Lorsqu'il est arrivé en bas du rayon, il nettoie le couteau, et le remplace par celui qui chauffe sur le fourneau placé à côté.

FIG. 44. — EXTRACTION DU MIEL.

L'apiculteur, ayant des rayons neufs et fragiles à passer à l'extracteur, les a placés, après les avoir désoperculés, entre deux grillages, et les met dans l'extracteur pour en retirer le miel.

FIG. 45. — UNE COLONIE AU PILLAGE.

L'apiculteur, voyant une colonie qui commence à être pillée, place son enfumoir devant la porte, de manière que la fumée empêche les abeilles de rentrer. Les pillardes qui sont à l'intérieur sortent en traversant la fumée, mais ne peuvent rentrer. Après avoir fait manœuvrer ainsi l'enfumoir pendant environ une demi-heure, il l'enlèvera, et rétrécira l'entrée, en ne laissant un passage que pour une abeille à la fois. Cette méthode réussit généralement pour arrêter le pillage au début.

CHAPITRE CINQUIÈME

NOURRISSEMENT, HIVERNAGE, FABRICATION DE LA CIRE

I. — Nourrissement des abeilles.

Nous allons examiner successivement les fautes que l'on peut commettre dans le nourrissement, soit pour les

FIG. 46. — NOURRISSEMENT DES RUCHES VULGAIRES.

L'apiculteur place, sous une ruche vulgaire, une assiette pleine de miel ou de sirop de sucre, pour la nourrir. Il a eu soin de mettre sur le sirop des rondelles de liège afin que les abeilles ne se noient pas.

ruches vulgaires (fig. 46), soit pour les ruches à cadres (fig. 47, p. 109).

59e *faute. — On a négligé de retirer, le matin, avant la sortie des abeilles, le nourrisseur, et il contient encore du sirop.*

Pendant tout le temps qu'une colonie absorbe du sirop, elle est toujours plus ou moins en danger d'être pillée par les abeilles des autres ruches ; il est donc prudent de ne jamais nourrir que la nuit. Si l'on a oublié de retirer le nourrisseur et que le pillage se produise, voir les précautions à prendre, p. 84.

60e *faute. — On n'a pas laissé assez de provisions à l'automne et on a été obligé de nourrir, à la sortie de l'hiver, une colonie qui manque de provisions ; on a donné à cette colonie chaque soir un peu de sirop.*

Le sirop donné à petite dose excite la reine à pondre, et si, ce qui arrive fréquemment en mars et avril, la température s'abaisse subitement, les abeilles peuvent être obligées de se resserrer au point d'abandonner le jeune couvain ; celui-ci peut alors périr, puis pourrir dans les cellules et occasionner la grave maladie de la loque.

Si l'on est obligé à la sortie de l'hiver de nourrir des colonies, il faut donner du sirop épais, ce qui évitera trop d'humidité dans la ruche. Lorsqu'il s'agit de ruches à cadres, il faut remplir de sirop un ou deux rayons (fig. 47, p. 109) et les donner à la colonie pour n'y plus toucher ensuite.

On peut ainsi administrer à une forte colonie 3 ou 4 kilogrammes en une seule fois, ce qui permet d'attendre longtemps avant de renouveler la provision. Il serait même plus simple d'ajouter à cette ruche un ou deux cadres de miel operculé qu'on devrait toujours avoir en réserve.

61e *faute. — On a nourri très tard dans la saison avec du sirop contenant trop d'eau.*

Par les temps froids de l'automne, les abeilles ne peuvent pas évaporer l'eau de surplus du sirop administré, elles sont donc obligées d'hiverner sur des rayons contenant du sirop non operculé. L'hivernage a lieu alors dans de mauvaises conditions, car les abeilles se trouvent dans un milieu humide tout à fait contraire à un bon hivernage.

Si les abeilles manquaient de provisions, il aurait fallu nourrir plus tôt, au mois d'août par exemple, et suivre la méthode indiquée dans le paragraphe précédent.

62e *faute. — On a nourri des colonies à l'automne en ne leur donnant que juste le poids de sirop qui serait nécessaire pour atteindre le printemps.*

On doit toujours donner plus de nourriture que celle qui paraît nécessaire, parce que, par suite du nourrissement, une partie du sirop est dépensée par les abeilles, soit pour nourrir du nouveau couvain, soit par le fait de l'emmagasinage lui-même, pendant lequel les abeilles consomment davantage.

On a calculé que cette dépense pouvait être évaluée à environ un quart du sirop administré. Il aurait donc fallu leur donner un quart de plus que la provision juste nécessaire; sans quoi, on s'expose à perdre la ruche ou au moins à être obligé de la nourrir trop tôt à la fin de l'hiver.

63e *faute. — Les abeilles ne prennent pas le sirop qu'on leur offre.*

Lorsqu'il fait froid, ou si la colonie contient très peu d'abeilles, elles ne quittent pas facilement leurs rayons pour aller prendre le sirop. Il est avantageux, si l'on a des ruches à cadres, de placer un rayon rempli de sirop à côté du premier rayon sur lequel se trouvent quelques abeilles, et bientôt les abeilles affluent. Si l'on a des ruches vulgaires, on devra placer l'assiette contenant le sirop assez haut pour que les rondelles de liège ou les brins de paille qui flottent à la surface du sirop touchent la base des premiers rayons.

Dans le cas où la colonie est très faible, il est bon de renverser la ruche, de jeter un peu de sirop entre les rayons sur les abeilles et de replacer tout de suite la ruche sur l'assiette contenant le sirop.

II. — Hivernage des colonies.

Examinons les fautes qu'on peut commettre dans l'hivernage soit des ruches vulgaires (fig. 48, p. 111), ou des ruches à cadres (fig. 49, p. 113).

64e *faute.* — *On a oublié d'incliner les ruches pendant l'hiver et de séparer le plateau de la ruche par de petites cales, afin d'obtenir ainsi un courant d'air sous les rayons.*

Dans les endroits humides, et là où, par suite des abris rapprochés, l'air ne circule pas autour des ruches, l'humidité produite par les abeilles ne peut s'échapper au dehors. Il en résulte que beaucoup d'abeilles meurent et que les autres, devenues malades, vont mourir au dehors à la sortie de l'hiver; de là, le dépeuplement des ruches au printemps.

65e *faute.* — *On n'a laissé que juste la quantité de miel nécessaire pour l'hivernage.*

On doit toujours laisser dans les ruches, pour l'hiver, plus de miel qu'il ne leur est rigoureusement nécessaire; car par un hiver doux, ou si la mère très féconde commence de bonne heure sa ponte, il en résulte une dépense plus grande de miel que dans les hivers ordinaires.

Il est prudent de ne jamais laisser à l'automne moins de 30 ou 35 livres de miel; sans quoi, il peut arriver qu'on soit obligé de nourrir trop tôt au printemps.

66e *faute.* — *En calculant approximativement le miel laissé dans les ruches pendant l'hiver, on a oublié de tenir compte de la vieillesse des rayons qui contiennent le miel.*

On ne doit pas oublier qu'un vieux rayon pèse beaucoup plus qu'un neuf; il en est de même pour un rayon qui contient beaucoup de pollen. On doit donc tenir compte de cette différence quand, en automne, on laisse aux abeilles les provisions d'hiver.

III. — Fabrication de la cire.

67e *faute. — On veut retirer la cire des rayons sans connaître avec détail le procédé à suivre.*

Si l'on veut extraire la cire de ces vieux rayons, sans se servir d'un outillage compliqué et coûteux, on emploiera le procédé suivant (fig. 50 p. 115) :

A la partie inférieure d'un chaudron, on fait adapter un robinet. Le chaudron doit être placé sur un trépied suffisamment haut pour qu'un arrosoir soit facilement placé sous le robinet.

La chaudière, remplie aux deux tiers d'eau, est ensuite placée sur le feu ; lorsque l'eau bout, on ajoute les rayons, puis, à l'aide d'un bâton, on brasse le tout jusqu'à ce que la cire soit entièrement fondue. On doit avoir soin de ne pas mettre trop de rayons à la fois, et de diminuer le feu lorsque tout est en ébullition, de crainte que la cire en fusion ne déborde de la chaudière, car elle est inflammable.

Lorsque la cire est fondue, on soutire par le robinet l'eau bouillante, dans l'arrosoir. A l'aide d'une passoire de cuisine, on puise dans la chaudière une certaine quantité de marc mélangé de cire et d'eau, et, tandis que, d'une main, on soutient cette passoire au-dessus de la chaudière, de l'autre on y verse toute l'eau bouillante contenue dans l'arrosoir ; cette eau entraîne toute la cire avec elle et on jette le marc qui reste dans la passoire.

On recommence cette opération jusqu'à ce que tout le marc du chaudron soit épuisé.

A ce moment, on fait fondre une nouvelle quantité de rayons et on recommence l'opération.

Lorsqu'on a fini, on retire la chaudière du feu et on l'entoure de paille ou de foin en l'enveloppant aussi avec des couvertures afin que le refroidissement se faisant très lentement, la cire s'épure.

C'est par ce procédé que l'on obtient le plus facilement toute la cire des rayons.

FIG. 47. — NOURRISSEMENT DES RUCHES A CADRES.

L'apiculteur, lorsqu'il doit nourrir ses abeilles, verse du sirop épais, à l'aide d'une burette, dans les alvéoles d'un rayon qu'il a disposé sur une toile cirée placée sur une table. Il a, à côté de lui, une caisse dans laquelle il place les rayons contenant le sirop. Cette caisse possède un fond en fer-blanc afin de recevoir le peu de sirop qui égoutte.

FIG. 48. — HIVERNAGE D'UNE RUCHE VULGAIRE.

L'apiculteur a attaché, devant l'entrée de la ruche, une grille dont les trous sont assez grands pour le passage des abeilles ; il a ensuite glissé, entre le plateau et la ruche, deux morceaux d'ardoise d'environ 5 millimètres d'épaisseur, afin que l'air circule sous la ruche pendant l'hiver. A la fin de l'hiver il retire les cales et la grille.

Fig. 49 — Ruche a cadres en hivernage.

L'apiculteur a remplacé les portes par les grilles d'hiver. Pour que l'air se renouvelle, il a ensuite soulevé la ruche sur son plateau, puis, derrière, il a glissé sous la ruche deux petites cales d'environ 5 millimètres d'épaisseur, dont on voit l'une à droite. Enfin, pour que l'eau du plateau puisse s'écouler, il soulève le plateau portant la ruche en mettant deux gros coins sous la ruche. On voit l'un d'eux, dans la figure, entre le plateau et le tabouret, à droite.

FIG. 50. — FABRICATION DE LA CIRE.

L'apiculteur, assis à gauche, est en train de remuer à l'aide d'une écumoire le marc qu'il a puisé dans une passoire de cuisine. En même temps, un aide verse de l'eau bouillante sur le marc. L'eau entraîne avec elle la cire fondue dans la chaudière, et le marc reste dans la passoire. Lorsqu'il n'y a plus de cire dans la passoire il jette le marc, et recommence l'opération jusqu'à épuisement.

Nous terminons ce petit album apicole en donnant les reproductions photographiées de quatre ruchers situés en Auvergne, en Dauphiné et en Normandie; ils sont représentés sur les planches 51, 52, 53 et 54.

Fig. 51. — Rucher de M. Cousin, cultivateur a Beaupuits (Eure).
50 ruches horizontales de 18 à 20 cadres.

FIG. 52. — RUCHER DE M. HOMMELL, PROFESSEUR D'AGRICULTURE A RIOM, DURTOL (PUY-DE-DOME).
100 ruches horizontales de 30 cadres.

Fig. 53. — Rucher de M. l'abbé Baffert à Luzinay (Isère).
30 ruches horizontales de 20 à 26 cadres.

Fig. 54. — Rucher d'expériences de M. de Layens.

CONCLUSION

Nous venons de passer en revue un certain nombre de fautes que l'on peut commettre en apiculture, et certainement il peut s'en produire encore d'autres.

Il ne faut pas toutefois que le débutant se laisse effrayer par la forme donnée à ce petit volume, car si les fautes possibles y sont mises en évidence, cela ne veut pas dire qu'en réalité il les commettra toutes. En effet, d'une part, la simple lecture des pages précédentes lui permettra d'éviter à l'avance beaucoup de ces inconvénients; d'autre part, ces fautes, lorsqu'on les a faites, ont le plus souvent, à côté de leur énoncé, la solution très simple qui permet d'y remédier.

Lorsqu'on dit au débutant comment il doit faire une opération, on ne lui dit pas toujours ce qui l'empêchera de réussir s'il opère autrement. La manière dont est rédigé ce volume a l'avantage de lui montrer d'une façon palpable les conséquences auxquelles il s'expose, s'il veut opérer à sa fantaisie au lieu de suivre à la lettre les conseils d'une pratique exercée.

Il est utile que le débutant ait fait les opérations les plus variées avec les abeilles, et qu'il ait passé lui-même par le plus grand nombre des difficultés, car c'est ainsi qu'il pourra acquérir l'expérience nécessaire pour lui permettre de les supprimer toutes, et alors seulement il adoptera telle méthode qu'il voudra, même la plus simple.

TABLE MÉTHODIQUE

TABLE DES FIGURES

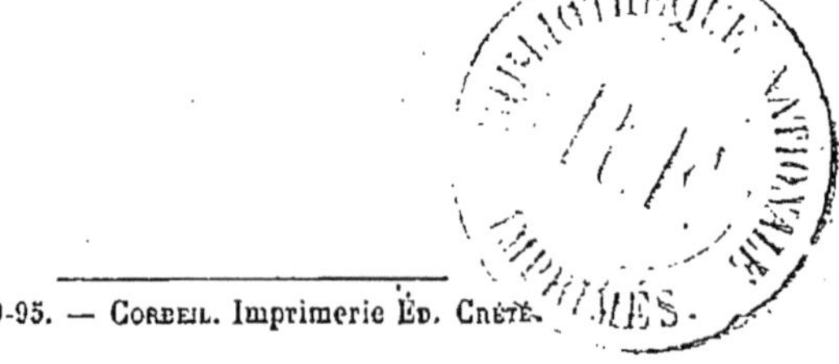

9779-95. — Corbeil. Imprimerie Éd. Crété.

SCIENCES NATURELLES

Ouvrages de M. Gaston BONNIER

PROFESSEUR A LA SORBONNE

Cours complet d'histoire naturelle, Zoologie, Botanique, Géologie, à l'usage des candidats au brevet supérieur, des Écoles primaires supérieures, des Écoles normales, des Écoles d'agriculture, des candidats aux baccalauréats, etc. Ouvrage rédigé suivant les nouveaux programmes de 1891 et de 1893, avec 767 figures dans le texte et une carte géologique en couleurs. 15e édition. Prix relié........ 4 fr. »

Histoire naturelle et Hygiène, pour le brevet élémentaire et à l'usage des écoles primaires supérieures. Ouvrage conforme aux nouveaux programmes de 1893, avec 530 figures dans le texte. Un volume in-12 de plus de 400 pages. Prix, cartonné .... 2 fr. 75

M. Gaston BONNIER a rédigé cet ouvrage dans le même esprit que son *Cours complet d'Histoire naturelle pour le Brevet supérieur* dont on connaît le grand succès.

Dans ce nouveau volume, l'auteur a aussi condensé toute l'Histoire naturelle en un seul cours, mais en restant plus élémentaire et en faisant une part plus grande aux applications, ce qui est à la fois dans l'esprit de l'examen du Brevet élémentaire et du nouveau plan d'études des écoles primaires supérieures; de plus il y a ajouté les notions d'hygiène en montrant leur rapport avec les sciences naturelles.

On peut dire de ce volume ce qu'on a dit de l'ouvrage destiné au Brevet supérieur :

« Ce qu'il faut louer surtout dans le nouvel ouvrage de M. Bonnier, c'est la clarté. Avec un tel livre, on ne peut pas oublier ce qu'on vient d'apprendre : on ne peut pas ignorer quelles sont les questions importantes du cours et quelles sont les parties relativement accessoires.

« Grâce à la manière dont les chapitres sont préparés, amenés à un développement méthodique et résumés avec soin, le lecteur se trouve guidé au travers des descriptions et des classifications qui passent pour les plus ardues. Un nombre considérable de figures, souvent simplifiées ou schématisées, ajoutent encore à la clarté du texte.

« Un tel ouvrage manquait : il remplacera, sans nul doute, les manuels surannés qui ont répandu dans l'Enseignement tant de notions fausses, si difficiles à déraciner encore aujourd'hui. »

PETITE HISTOIRE NATURELLE, pour le certificat d'études et la préparation à la classe de 6e (*en préparation*).

ÉLÉMENTS DE ZOOLOGIE (Classes de 6e de l'enseignement classique et de l'enseignement moderne), avec 364 figures. Nouvelle édition; reliure toile.. 2 fr. 50

ÉLÉMENTS DE BOTANIQUE (Classes de 5e de l'enseignement classique et de l'enseignement moderne), avec 403 figures, 16e édition; reliure toile.. 2 fr. 50

ÉLÉMENTS DE GÉOLOGIE (Classes de 5e de l'enseignement classique et de l'enseignement moderne), avec 279 figures dans le texte, carte en couleurs. (*Vient de paraître.*) Reliure toile .... 2 fr. 50

ANATOMIE ET PHYSIOLOGIE ANIMALES (Classes de philosophie, de 1re, de l'enseignement moderne et de mathématiques élémentaires), avec 268 figures dans le texte. Nouvelle édition revue et corrigée; reliure toile.................................. 3 fr. »

ANATOMIE ET PHYSIOLOGIE VÉGÉTALES (Classes de philosophie, de 1re, de l'enseignement moderne et de mathématiques élémentaires), avec 345 figures dans le texte. Nouvelle édition; reliure toile.. 3 fr. »

www.ingramcontent.com/pod-product-compliance
Ingram Content Group UK Ltd.
Pitfield, Milton Keynes, MK11 3LW, UK
UKHW012042240726
13965UKWH00003B/989